Autocontrol

Julie Murray

Abdo Kids Junior es una
subdivisión de Abdo Kids
abdobooks.com

Abdo Kids
NUESTRA PERSONALIDAD

abdobooks.com

Published by Abdo Kids, a division of ABDO, P.O. Box 398166, Minneapolis, Minnesota 55439.

Printed in the United States of America, North Mankato, Minnesota.

102020

012021

THIS BOOK CONTAINS RECYCLED MATERIALS

Spanish Translator: Maria Puchol

Photo Credits: iStock, Shutterstock

Production Contributors: Teddy Borth, Jennie Forsberg, Grace Hansen

Design Contributors: Christina Doffing, Candice Keimig, Dorothy Toth

Library of Congress Control Number: 2020930694

Publisher's Cataloging-in-Publication Data

Names: Murray, Julie, author.

Title: Autocontrol/ by Julie Murray

Other title: Self-Control. Spanish.

Description: Minneapolis, Minnesota: Abdo Kids, 2021. | Series: Nuestra personalidad | Includes online resources and index.

Identifiers: ISBN 9781098204082 (lib.bdg.) | ISBN 9781098205065 (ebook)

Subjects: LCSH: Self-control--Juvenile literature. | Self-discipline--Juvenile literature. | Feelings--Juvenile literature. | Moral ideas--Juvenile literature. | Spanish language materials--Juvenile literature.

Classification: DDC 152.4--dc23

Contenido

Autocontrol

Mostrar autocontrol puede ser difícil.

Significa **controlar** lo que haces y cómo te sientes.

Es ***Halloween***, Luis quiere

muchos dulces pero

solamente toma uno.

Zoe quiere ser la primera pero espera su turno.

Eva quiere el juguete.
Quiere gritar pero lo pone
de regreso en el estante.

Brad está enfadado.

Quiere pegar a Alex

pero decide alejarse.

Es hora de marcharse. Mike quiere seguir jugando pero regresa a casa con su madre.

Todos estos niños
muestran autocontrol.

¿Muestras tú autocontrol?

Formas de mostrar autocontrol

alejándose de un problema

contando hasta 5

pensando cómo
hacer algo mejor

respirando profundamente

Glosario

controlar
contenerse o mostrar moderación.

Halloween
fiesta celebrada el 31 de octubre, donde la gente se disfraza y sale a pedir dulces.

Índice